Inhalt

Bildung in der Informationsgesellschaft

Kernthesen

Beitrag

Fallbeispiele

Weiterführende Literatur

Impressum

GENIOS WirtschaftsWissen Nr. 11/2003 vom 04.11.2003

Bildung in der Informationsgesellschaft

F.Muretta

Kernthesen

- Der Bedeutungszuwachs von Wissen und Information in Wirtschaft und Gesellschaft verändert die Bildungsanforderungen, die an heutige und zukünftige Arbeitskräfte gestellt werden. (3)
- Das deutsche Bildungssystem bedarf deshalb einer weitreichenden Reform, vor allem um die Qualität der Bildung entscheidend zu verbessern.
- Die Sicherung der internationalen Wettbewerbsfähigkeit des Bildungsstandortes Deutschland ist ein wichtiger Schritt für die gesamtwirtschaftliche Erholung des Landes.

(6), (7)

Beitrag

In der zunehmend informatisierten und globalisierten Welt muss die Frage nach einem angemessenen Bildungssystem neu gestellt werden. Die Resultate verschiedener diesbezüglich durchgeführter Untersuchungen, beispielsweise die Ergebnisse des aktuellen Pisa-Tests (Programme for International Student Assessment) der Organisation für wirtschaftliche Zusammenarbeit und Entwicklung (OECD), zeigen deutlich, dass deutsche Schulen und Universitäten im internationalen Vergleich immer mehr ins Hintertreffen geraten. Die Pisa-Studie hat in der Öffentlichkeit massive Reaktionen hervorgerufen - mit der Folge, dass dem Thema Bildung seitdem auch auf politischer Ebene eine höhere Priorität beigemessen wird die Rufe nach einer tiefgreifenden Bildungsreform werden immer lauter. (5)

In vielen Fällen spielt sich die Bildungsdiskussion jedoch auf einer Ebene ab, die den Ansprüchen der heutigen Probleme in Wirtschaft und Gesellschaft nicht gerecht wird. Häufig beschränken sich die eingebrachten Vorschläge auf Forderungen nach mehr Lehrpersonal oder nach einer Ausweitung der Investitionen in Bildung. (5)

Eine Verbesserung der Bildungssituation in Deutschland ist jedoch nicht nur durch eine Erweiterung der staatlichen Bildungsausgaben oder die Einstellung von zusätzlichen Lehrern zu erreichen. Die wesentlichen Faktoren sind vielmehr die Erhöhung der Qualität der Bildung und eine Modernisierung des deutschen Bildungssystems in einer Weise, welche die zunehmende Globalisierung, die Anforderungen der Informationsgesellschaft und die aktuellen Probleme auf dem Arbeitsmarkt in einem angemessenen Umfang berücksichtigt.

Internationale Wettbewerbsfähigkeit des Bildungsstandortes Deutschland

In Hinblick auf die internationale Wettbewerbsfähigkeit des Bildungsstandortes Deutschland ist es erforderlich, erhöhte Leistungsanforderungen zu etablieren und international anerkannte Leistungsstandards einzuführen. Um dies zu realisieren, müssen allerdings zuerst die teils erheblich divergierenden Bildungsniveaus der einzelnen Bundesländer, welche aus den uneinheitlichen Rahmenbestimmungen und Lehrplänen resultieren, durch geeignete Maßnahmen angeglichen werden. Hier zeigt sich eine Schattenseite des föderalistisch organisierten Bildungssystems der Bundesrepublik. (6), (7)

Auf Hochschulebene ist eine Förderung des Wettbewerbs zwischen und innerhalb der Universitäten sowie eine Ausweitung der Freiheiten, beispielsweise bei der Gestaltung der Lehrinhalte, anzuraten. Länder wie Finnland, Frankreich oder die USA könnten dabei eine Vorbildfunktion übernehmen. Den Hochschulen sollte darüber hinaus eine gewisse Wahlmöglichkeit in Bezug auf ihre Studenten zugestanden werden und die Studenten sollten sich ihre Professoren auswählen können. Eine weitere in diesem Zusammenhang häufig gestellte Forderung ist die Abschaffung der Lebenszeitanstellung für Professoren. (1)

Die im Dritten Reich missbräuchlich betriebene Förderung von Eliten hat dazu geführt, dass in Deutschland eine ausgeprägte Aversion gegen diese Form der Ausbildung vorherrscht. Um im internationalen Maßstab eine gute Position zu bewahren, ist es aber unerlässlich, diese Abneigung zu bewältigen und hochgradig befähigte Schüler und Studenten in besonderem Maße zu fördern. Natürlich sollte Elitenbildung keinesfalls zum dominierenden Prinzip der Bildungspolitik werden. (1)

Anforderungen der Informationsgesellschaft

Die Entwicklungsstufe der sogenannten wissensbasierten Dienstleistungsgesellschaft wird häufig als Zwischenschritt auf dem Weg in die Informationsgesellschaft verstanden. Infolgedessen spielt der Dienstleistungssektor eine immer wichtigere Rolle in der Gesamtwirtschaft. Diese Tatsache und der Bedeutungszuwachs von Wissen und Information in Wirtschaft und Gesellschaft verändern die Bildungsanforderungen, die an heutige und zukünftige Arbeitskräfte gestellt werden. (3)

In Deutschland dominiert das mittlere Bildungswesen, welches zumeist auf die Vermittlung von arbeitsprozessbezogenen, praktischen Fähigkeiten abzielt. Während sich die duale Berufsausbildung in der Blütezeit des Industriezeitalters als sinnvoll und ausgesprochen erfolgreich erwies, erfordert die Erstellung von wissensbasierten Dienstleistungen vermehrt analytische Kompetenz, formales Wissen, theoretische Reflexions- und Problemlösungsfertigkeiten und interdisziplinäre Kenntnisse. Darüber hinaus werden die beruflichen Tätigkeiten immer abwechslungsreicher und anspruchsvoller, sodass eine ständige, selbständig zu koordinierende Erweiterung und Auffrischung des

Wissens notwendig wird. Die Notwendigkeit des Prinzips des lebenslangen Lernens muss allerdings erst als Teil der Lebensphilosophie in der Bevölkerung etabliert werden. Dasselbe gilt für die gesteigerten Mobilitätsansprüche der heutigen Wirtschaftswelt. Somit ist auch die nachhaltige Vermittlung von Lern- und Mobilitätskompetenz eine wichtige, bisher nicht ausreichend wahrgenommene Aufgabe der Bildungspolitik. (1), (3), (6)

Ein weiterer Kritikpunkt des deutschen Bildungssystems ist die unzureichende Durchlässigkeit zwischen mittlerem Bildungswesen und Hochschulsystem, da der Bedarf an hochqualifizierten Arbeitskräften - vor allem in Dienstleistungsfunktionen - langfristig nicht gedeckt werden kann. (3), (6)

Leistung muss ausreichend belohnt werden

Laut der OECD ist Deutschland im internationalen Vergleich durch eine Schwäche hinsichtlich der Entwicklung der Studenten- und Hochschulabsolventenzahlen gekennzeichnet. Eine Möglichkeit, diesem Trend entgegenzuwirken, stellt eine fühlbare Belohnung derer dar, die bereit sind, überdurchschnittliche Bildungsanstrengungen zu unternehmen. Ein höherer individueller Bildungsstand muss damit deutlicher als bisher zu verbesserten Einkommenschancen führen. (4), (7)

Schulische Bildung

Der Pisa-Test bescheinigt den deutschen Schülern allgemeine Schwächen in Allgemeinbildung, Rechtschreibung und mathematisch-naturwissenschaftlichen Grundlagenkenntnissen. Für die Leistungsfähigkeit Deutschlands ist es unerlässlich, gerade in diesen Bereichen Aufholarbeit zu leisten. Eine besondere Bedeutung besitzt die naturwissenschaftliche Bildung, da sie die Grundlage für das Verständnis neuer Technologien darstellt. Nur wer eine fundierte und breite mathematisch-naturwissenschaftliche Grundausbildung vorweisen kann, ist in der Lage, Chancen und Risiken neuer Technologien frei von ideologischen Werturteilen einzuschätzen. Die Wichtigkeit naturwissenschaftlicher Bildung wird von der Öffentlichkeit jedoch schon seit Jahrzehnten unterschätzt, was sich nicht zuletzt in Form der im internationalen Vergleich relativ geringen Studentenzahlen in den entsprechenden Studiengängen äußert. Es ist die Aufgabe von Politik und Medien, den notwendigen Imagewandel einzuleiten. (6)

Fallbeispiele

Hochschule der Sparkassenfinanzgruppe

Im Juli 2003 eröffnete die Hochschule University of Applied Sciences, Bonn der Sparkassenfinanzgruppe. Mit ihrer Gründung soll dazu beigetragen werden, dass sich die Kluft zwischen Wissenschaft und einer praxisgerechten, an die Bedürfnisse der Wirtschaft angepassten Ausbildung verkleinert und somit die Qualität der Ausbildung steigt. Ein wegweisendes Novum stellt das Anrechnungsmodell dieser Hochschule dar, welches es ermöglicht, Leistungen, die im Rahmen der betriebsinternen Weiterbildung auf den Sparkassenakademien erworben wurden, auf die beiden angebotenen Studiengänge Bachelor of Finance und Bachelor of Financial Information Systems anzurechnen, sodass Doppelprüfungen vermieden werden und die Studiendauer sinkt. (6)

Weiterführende Literatur

(1) Das Lernen lernen Bildung / Deutsche Schulen und Hochschulen schneiden im internationalen Vergleich dürftig ab. So offenbart der aktuelle Pisa-Test der Organisation für wirtschaftliche Zusammenarbeit und Entwicklung (OECD) erneut eklatante Schwächen. VW-Vorstandschef Bernd Pischetsrieder, der die neue Volkswagen Auto-Uni in Wolfsburg vorantreibt, mahnt zügige Reformen an. Mehr Wettbewerb und mehr Freiheiten im Bildungssystem sollen besseres Lernen ermöglichen.
aus Capital vom 01.10.2003, Seite 182

(2) Plewnia, Ulrike, Bildung - Basteln statt büffeln, FOCUS, 22.09.2003; Ausgabe:39; Seite:034-036
aus Capital vom 01.10.2003, Seite 182

(3) Sind wir schon in der Dienstleistungsgesellschaft angekommen?
aus ifo Schnelldienst, Heft 18/2003, S. 3-10

(4) IW: Akademische Ausbildung in Deutschland zu wenig belohnt
aus Die SparkassenZeitung, 02.10.2003, Nr. 40, S. 18

(5) Durchdenwald, Thomas, Das Versagen der Bildungspolitik Schule geht uns alle an, Stuttgarter Zeitung, 08.09.2003, S. 1
aus Die SparkassenZeitung, 02.10.2003, Nr. 40, S. 18

(6) Die Hochschule als attraktives neues Instrument der Personalentwicklung
aus Sparkasse, August 2003, Nr. 08, S. 352

(7) Bildung als Wachstumsmotor Falsche Signale aus dem Arbeitsmarkt.
aus Die Bank, Heft 09/2003, S. 577

(8) Neue Studiengänge - Bachelor und Master
aus Sparkasse, September 2003, Nr. 09, S. 434

(9) Scherm, Ewald; Süß, Stefan; Wanka, Peter, Eine ökonomische Analyse des Fernstudiums, Wirtschaftswissenschaftliches Studium, Heft 11/2003, S. 683-687
aus Sparkasse, September 2003, Nr. 09, S. 434

Impressum

Bildung in der Informationsgesellschaft

Bibliografische Information der deutschen Nationalbibliothek

Die Deutsche Nationalbibliothek verzeichnet diese Publikation in der deutschen Nationalbibliografie; detaillierte bibliografische Daten sind im Internet über http://dnb.d-nb.de abrufbar.

ISBN: 978-3-7379-1586-1

© 2015 GBI-Genios Deutsche Wirtschaftsdatenbank GmbH, Freischützstraße 96, 81927 München, www.genios.de

Alle Rechte vorbehalten. Dieses Werk ist einschließlich aller seiner Teile – z.B. Texte, Tabellen und Grafiken - urheberrechtlich geschützt. Jede Verwertung außerhalb der Grenzen des Urheberrechtsgesetzes bedarf der vorherigen Zustimmung des Verlags. Dies gilt insbesondere auch für auszugsweise Nachdrucke, fotomechanische Vervielfältigungen (Fotokopie/Mikroskopie), Übersetzungen, Auswertungen durch Datenbanken oder ähnliche Einrichtungen und die Einspeicherung und Verarbeitung in elektronischen Systemen.